ARMÉNA

BERLAIMONTOIS,

CRASSET

D'L'ARRONDISSEMINT D'AVESNES

Par E. E. VANHÉES.

ANNÉÉ 1867

(Prix 50 cent. — Par la Poste 60 cent).

Se Vend

Chez l'auteur, à Berlaimont

et chez les principaux Libraires de

l'arrondissement d'Avesnes.

Arména Berlaimontois,

CRASSET

D'L'ARRONDISSEMINT D'AVESNES,

Par E. E. VANHÉES.

(Prix 50 cent. — Par la Poste 60 cent).

Se Vend

Chez l'auteur, à Berlaimont

et chez les principaux Libraires de l'arrondissement
d'Avesnes.

C'est l'Arména qui pare à ses liseux.

Peut-on rintrer ?... Bonjour zinfans, la compagnie ; j'viens d'viser enne âvé avec vous, c's'ra sans cérémonie, savez. Je n' cacherai nin à vos parler saudart, da, mi, des conversations et des lifes ainsi, vos d'ètes ererants ; un n'intind un n'voit qu'cha du matin au soir : j'déviserai tout comme un d'vise à nous autes.

Comme tous les aute arménas, j'vos annoncerai deux fois saqués pour l'année qui vient ; seul'mint jé n'vos parai nin mét'nant del pleufe ni du biau temps : l'temps qui f'ra in 1867, j'vos l'dirai dins enne an, comme cha j'n'esposerai nin les madames à printe leu n'ombrelle à l'plaché d'leu parapluie. Par après vos arez quèqués conseïs pou les gardins, les patures et les terres, et pis... d'abourd accoutémé mé tout d'qu'au bout, et vos sarez chu qu'j'ai à vos dì. N'y a nin d'imbarras, allez, un n'vos f'ra nin braire, et pis vos arez nin danger d'mette vo mouchoir d'vant vo nez, pacequ'un n'vos moutra rin qui sintira maìs. Les infans et les mam'zelles peuttent-t'accouter commé l'zautes, n'y ara nin d'crassés z'histoires, et maimme si nos d'vons prononcer l'nom d'enne tête et d'enne tête, nos ajouterons rademint : Parlant par respect.

Allons ! core un coup, accoutème ; si m' conversation n'est nin bonne à aute côsse, j'sus toudi bin seur qu'alle vos f'ra dormi. Bin va, mon Dieu, j'in counois bin un qui indourt les gins tois fois par sémainne d'pis au moins trinte-tois ans et qui n'd'ya qui l'acoutent-té co tout d'maimme.

Quatré - Temps.

13, 15 et 16 marche — 12, 14 et 15 juin. — 18, 20 et 21 sétimpe. — 18, 20 et 21 décimpe.

Fêtes Mobiles.

Dimanche des Carnévals 3 marche
Grand Pàque,   21 avri.
Ascinsion,   30 mai.
Pint'coute,   9 juin.
Fête-Dieu,   20 juin.
Avints d'Noé,   1ᵉʳ décimpe.

SAISONS.

L'Prumtemps i couminchera l'21 marche à 1 h. 55 m. 17 ségontes, 9 escrupules et deux toîs p'tits cafouïâches avec ; i finira au 31 juin à 10 h. et demie, et un dit qu'l'Eté couminchera tout d'suite après.

Automne, du 23 sétimpe à 1 heure moins neuf minutes après-midi, tout d'qu'au 22 décimpe à 7 heures du matin. L'Hiver moutra s'nez enne berluque pus tard.

ESCLIPES.

Si vos allez à Paris au 6 marche, vos y verrez un morciau d'esclipe dé soleï inter 7 h. 26 m. du matin et midi 25 m. Après-midi i sra trop tard, savez, à moins qu'vos n'eûche un amisse dins les Mathieux d'l'Observatoire. D'allez-in l'trouver et i fra rcoumincher l'parâte pour vous.

29 marche, esclipe d'esclipe dé Belle ; cha veut dire qué c'n'esclipe-là, nos né l'verrons pas enne zique.

Mainme aubâte pou l'soleï au 29 aout, cé n'ra nin la painne que vous s'déranche, madame.

In v'là co enne que nos verrons si nos sommés l'vés:

Au 13 sétimpe, la Lune muchera un morciau dé s'frimousse pour nous autes, inter 10 h. moins 8 m. du soir et 3 h. 18 m. du matin. Cha vos passera zous l'bec, no co.

Quelle esclipe dé soleï qué nos arons au 14 julette! l'dimanche de l'prumière ducasse dé Berlaimont co! Allez, nos n'risquons rin d'préparer nos crassets, nos candeïes et nos quinquets pou c'jour là! Huit heures d'horlôche qui fra noir comme dins un four !!!

Couminchemint d' l'esclipe à 7 h. 58 m. du matin et finissemint à 4 h. du soir. Ah! pardon ; jé m'trompe enne béquie : forche qué j'sûs stufépait dé n'esclipe-là ; c'est pau d'affaire, savez, j'ai pris l'matin pou l'soir et l'soir pou l'matin.

Et croira-t-on qu'pas un Mathieu n'a annoncé c'n'esclipe-chi !

<table>
<tr><td colspan="2">Janvier</td><td colspan="2">Février</td></tr>
<tr><td colspan="2">N. L. le 6.   P. L. le 20.</td><td colspan="2">N. L. le 4.   P. L. le 18.</td></tr>
<tr><td colspan="2">P. Q. le 13.   D. Q. le 27.</td><td colspan="2">P. Q. le 12   D. Q. le 26.</td></tr>
<tr><td>1 mar.</td><td>CIRCONCISION.</td><td>1 ven.</td><td>s. Ignace.</td></tr>
<tr><td>2 mer</td><td>s. Basile, év.</td><td>2 sam.</td><td>PURIFICATION</td></tr>
<tr><td>3 jeu.</td><td>s^{te} Geneviève.</td><td>3 dim.</td><td>s. Blaise.</td></tr>
<tr><td>4 ven.</td><td>s. Rigobert.</td><td>4 lun.</td><td>s. Gilbert.</td></tr>
<tr><td>5 sam.</td><td>s^{te} Amélie.</td><td>5 mar.</td><td>s^{te} Agathe.</td></tr>
<tr><td>6 dim.</td><td>L'ÉPIPHANIE.</td><td>6 mer.</td><td>s^{te} Dorothée.</td></tr>
<tr><td>7 lun.</td><td>s. Crispin.</td><td>7 jeu.</td><td>s. Romuald.</td></tr>
<tr><td>8 mar</td><td>s. Lucien.</td><td>8 ven.</td><td>s. Jean de M.</td></tr>
<tr><td>9 mer.</td><td>s. Julien.</td><td>9 sam.</td><td>s^{te} Apolline.</td></tr>
<tr><td>10 jeu.</td><td>s. Paul. erm.</td><td>10 dim.</td><td>s^{te} Scholast.</td></tr>
<tr><td>11 ven.</td><td>s. Théodose.</td><td>11 lun.</td><td>s^{te} Euphras.</td></tr>
<tr><td>12 sam.</td><td>s. Arcade.</td><td>12 mar.</td><td>s^{te} Eulalie.</td></tr>
<tr><td>13 dim.</td><td>Bapt. de N.-S</td><td>13 mer.</td><td>s. Martinien.</td></tr>
<tr><td>14 lun.</td><td>s. Hilaire.</td><td>14 jeu.</td><td>s. Valentin.</td></tr>
<tr><td>15 mar.</td><td>s. Maur.</td><td>15 ven.</td><td>s. Faustin.</td></tr>
<tr><td>16 mer.</td><td>s. Marcel,</td><td>16 sam.</td><td>s^{te} Rénelde.</td></tr>
<tr><td>17 jeu.</td><td>s. Antoine.</td><td>17 dim.</td><td>Septuagésime.</td></tr>
<tr><td>18 ven.</td><td>C. de s. P.</td><td>18 lun.</td><td>s. Siméon.</td></tr>
<tr><td>19 sam</td><td>s. Sulpice.</td><td>19 mar.</td><td>s^{te} Julienne.</td></tr>
<tr><td>20 dim.</td><td>s. Sébastien.</td><td>20 mer.</td><td>s. Eucher.</td></tr>
<tr><td>21 lun.</td><td>s^{te} Agnès.</td><td>21 jeu.</td><td>s. Pépin.</td></tr>
<tr><td>22 mar.</td><td>s. Vincent.</td><td>22 ven.</td><td>C. s. Pierre.</td></tr>
<tr><td>23 mer.</td><td>s. Raymond.</td><td>23 sam.</td><td>s^{te} Isabelle.</td></tr>
<tr><td>24 jeu.</td><td>s. Babylas.</td><td>24 dim.</td><td>Sexagésime.</td></tr>
<tr><td>25 ven.</td><td>C. de s. Paul</td><td>25 lun.</td><td>s. Gérard.</td></tr>
<tr><td>26 sam.</td><td>s^{te} Paule.</td><td>26 mar.</td><td>s. Nestor.</td></tr>
<tr><td>27 dim.</td><td>s^{te} Julienne.</td><td>27 mer.</td><td>s. Léandre.</td></tr>
<tr><td>28 lun.</td><td>s. Charlem.</td><td>28 jeu.</td><td>s. Romain.</td></tr>
<tr><td>29 mar</td><td>s. F. de Sales</td><td></td><td></td></tr>
<tr><td>30 mer.</td><td>s^{te} Martine.</td><td></td><td></td></tr>
<tr><td>31 jeu.</td><td>s^{te} Louise.</td><td></td><td></td></tr>
</table>

Mars		Avril	
N. L. le 6.	P. L. le 20	N. L. le 4	P L. le 18
P. Q. le 13	D. Q. le 28	P. Q. le 11	D. Q. le 27

Mars		Avril	
1 ven.	s. Aubin.	1 lun.	s. Hugues.
2 sam.	s. Simplice.	2 mar.	s. Fr. de P.
3 dim.	*Quinquagés.*	3 mer.	s. Richard.
4 lun.	s. Casimir.	4 jeu.	s. Isidore.
5 mar.	s. Théophile.	5 ven.	s. Ambroise.
6 mer.	*Cendres.*	6 sam.	s. Célestin.
7 jeu.	s. Thomas.	7 dim.	*Passion.*
8 ven.	s. J. de Dieu.	8 lun.	s. Edèze.
9 sam.	s^{te} Françoise.	9 mar.	s^{te} Marie ég.
10 dim.	*Quadragésime*	10 mer.	s^{se} Amélie
11 lun	40 Martyrs.	11 jeu.	s. Jules.
12 mar.	s. Grégoire.	12 ven	s. Godebert.
13 mer.	s^{te} Euphrasie	13 sam.	s. Lubin.
14 jeu.	s. Lubin.	14 dim.	*Rameaux.*
15 ven.	s. Longin.	15 lun	s^{te} Anastasie.
16 sam.	s. Cyriaque.	16 mar	s Arthur.
17 dim.	*Reminiscere.*	17 mer	s. Anicet.
18 lun.	s. Alexandre	18 jeu	s. Parfait.
19 mar.	s. Joseph.	19 ven.	s. Léon.
20 mer.	s. Joachim.	20 sam.	s. Anselme.
21 jeu.	s. Benoît.	21 dim.	PAQUES.
22 ven.	s. Basile.	22 lun	s. Soter.
23 sam.	s. Victor.	23 mar	s. Georges.
24 dim.	*Oculi.*	24 mer	s. Robert.
25 lun.	ANNONCIAT.	25 jeu	s. Marc.
26 mar.	s. Ludger.	26 ven	s. Clet.
27 mer.	s^{te} Lydie.	27 sam.	s. Authime.
28 jeu.	*Mi-Carême.*	28 dim.	*Quasim.*
29 ven.	s. Eustache.	29 lun	s^{te} Antoinet.
30 sam.	s. Amédée.	30 mar	s. Eutrope.
31 dim.	*Lœtare.*		

Mai		Juin	
N. L. le 4.	P. L. le 18	N. L. le 2	P. L. le 17
P. Q. le 10	D. Q. le 26	P. Q. le 9	D. L. le 25

Mai		Juin	
1 mer.	s. Philippe.	1 sam.	s. Fortuné.
2 jeu.	s Athanase.	2 dim.	s. Potin.
3 ven.	Inv. s^{te} Croix	3 lun.	s^{te} Clotilde.
4 sam.	s^{te} Monique.	4 mar.	s Guirin.
5 dim.	s. Pie V.	5 mer.	s Boniface.
6 lun.	s. Jean	6 jeu.	s. Norbert.
7 mar.	s. Stanislas.	7 ven.	s. Prime.
8 mer.	s. Désiré	8 sam.	s. Médard.
9 jeu.	s Grégoire	9 dim.	PENTECOTE.
10 ven.	s Gordien.	10 lun.	s. Landri.
11 sam.	s. Mamert.	11 mar.	s. Barnabé.
12 dim.	s. Pancrace.	12 mer	s. Basilide.
13 lun.	s. Servais.	13 jeu.	s. Antoine P.
14 mar.	s. Boniface.	14 ven.	s. Elysée.
15 mer.	s^{te} Denyse	15 sam.	s. Modeste.
16 jeu.	s. Honoré.	16 dim.	*Trinité*
17 ven.	s. Pascal.	17 lun.	s. Avit.
18 sam.	s. Vénant.	18 mar.	s^{te} Marine
19 dim.	s. Yves.	19 mer	s. Gervais.
20 lun.	s. Bernardin	20 jeu.	FETE-DIEU.
21 mar.	s^{te} Virginie	21 ven.	Louis de G.
22 mer.	s^{te} Julie	22 sam.	s. Paulin.
23 jeu.	s. Didier.	23 dim.	s. Félix
24 ven.	s^{te} Jeanne.	24 lun.	s. Jean-Bap.
25 sam.	s. Urbain.	25 mar	s. Prosper.
26 dim.	s. Adolphe	26 mer.	s. David.
27 lun.	*Rogations.*	27 jeu.	s. Crescent.
28 mar.	s Germain	28 ven.	s. Léon.
29 mer	s. Maximil.	29 sam.	s. Pier.s. P.
30 jeu.	ASCENSION.	30 dim.	s. Martial
31 ven.	s. Ferdina.		

<table>
<tr><th colspan="2">Juillet</th><th colspan="2">Août</th></tr>
<tr><td>P. Q. le 1</td><td>D. Q. le 24</td><td>P. Q. le 7</td><td>D. Q. le 22</td></tr>
<tr><td>P. L. le 16</td><td>N. L. le 31</td><td>P. L. le 15</td><td>N. L. le 29</td></tr>
</table>

	Juillet		Août
1 lun.	s. Théobald.	1 jeu.	s. Pierre-ès-l
2 mar.	Vis. de N. D.	2 ven.	s. Alphonse .
3 mer.	s. Anatole.	3 sam.	I. s. Étienne.
4 jeu.	Tr. s. Martin	4 dim.	s. Dominiqu^e
5 ven.	s^{te} Zoé.	5 lun.	s. Abel.
6 sam.	s. Tranquille	6 mar.	T. de N. S.
7 dim.	s^{te} Auberge.	7 mer.	s. Gaëtan.
8 lun.	s^{te} Priscille.	8 jeu.	s. Justin.
9 mar.	s^{te} Véronique	9 ven.	s. Romain.
10 mer	s^{te} Félicité.	10 sam.	s. Laurent.
11 jeu.	s^{te} Benoit.	11 dim.	s^{te} Suzanne.
12 ven.	s. Gualbert.	12 lun.	s^{te} Claire.
13 sam.	s. Gabriel.	13 mar.	s. Hyppolite.
14 dim.	s. Bonavent.	14 mer.	s. Alfred.
15 lun.	s. Henri.	15 jeu.	ASSOMPTION
16 mar.	s. Marius.	16 ven.	s. Roch.
17 mer.	s. Alexis.	17 sam.	s. Mamert.
18 jeudi	s. Camille.	18 dim.	s^{te} Hélène.
19 ven.	s. Vincent.	19 lun.	s^{te} Thècle.
20 sam.	s^{te} Margueri^{te}	20 mar.	s. Bernard.
21 dim.	s. Victor.	21 mer.	s. Privat.
22 lun.	s^{te} Madeleine	22 jeu.	s. Symphor .
23 mar.	s^{te} Apoline.	23 ven.	s. Sidoine.
24 mer.	s^{te} Christine.	24 sam.	s. Barthéle^{mi}
25 jeu.	s. Jacque.	25 dim.	s. Louis.
26 ven.	s^{te} Nathalie.	26 lun.	s^{te} Léonie.
27 sam.	s. Victor.	27 mar.	s. Césaire.
28 dim.	s^{te} Marthe.	28 mer.	s. Augustin.
29 lun.	s. Abdon.	29 jeu.	déc. s. Jean.
30 mar.	s. Germain.	30 ven.	s^{te} Rose.
31 mer.	s. Paul.	31 sam.	s. Ovide.

Septembre		Octobre	
P. Q. le 5 D. Q. le 21		P. Q. le 6 D. Q. le 20	
P. L. le 14 N. L. le 27		P. L. le 13 N. L. le 27	
1 dim.	s Gilles.	1 mar	s. Remy.
2 lun.	s. Lazare.	2 mer.	s^{ts} Anges Gar.
3 mar.	s. Grégoire.	3 jeu.	s. Denis.
4 mer.	s^{te}. Rosalie.	4 ven.	s. François.
5 jeu.	s. Bertin.	5 sam.	s. Constan'.
6 ven.	s. Onésipe	6 dim.	s. Bruno
7 sam.	s. Cloud.	7 lun.	s. Serge.
8 dim.	N. de la V.	8 mar.	s^{te} Thais.
9 lun.	s. Omer.	9 mer.	s. Denis.
10 mar	s^{te} Pulchérie.	10 jeu.	s. Geron.
11 mer.	s. Patien.	11 ven.	s. Venant.
12 jeu.	s. Séraphin.	12 sam.	s. Wilfride.
13 ven	s. Aimé.	13 dim.	s. Edouard.
14 sam.	Ex. de la s. C.	14 lun	s. Calixte.
15 dim.	s. Nicodème.	15 mar.	s^{te} Thérèse.
16 lun.	s. Cyprien.	16 mer.	s. Léopold.
17 mar	s. Lambert.	17 jeu.	s. Ewige.
18 mer.	s^{te} Sophie.	18 ven.	s. Luc.
19 jeu.	s. Janvier.	19 sam.	s. Amable.
20 ven.	s. Eustache.	20 dim.	s. Caprais.
21 sam.	s. Mathieu.	21 lun.	s^{te} Ursule.
22 dim.	s. Maurice.	22 mar.	s. Sévère.
23 lun.	s. Lin.	23 mer.	s. Hilarion.
24 mar.	s. Andoche.	24 jeu.	s. Magloire.
25 mer.	s. Firmin.	25 ven	s. Crép. s. Cr.
26 jeu.	s^{te} Justine.	26 sam.	s. Rustique.
27 ven.	s. Côme.	27 dim.	s^{te} Fromence
28 sam.	s. Privat.	28 lun.	s. Simon.
29 dim.	s. Michel.	29 mar.	s. Narcisse.
30 lun.	s. Jérôme.	30 mer.	s. Lucain.
		31 jeu.	s. Quentin.

Novembre		Décembre	
P. Q. le 4. D. Q. le 18		P. Q. le 4 D. Q. le 18	
P. L. le 12 N. L. le 26		P. L. le 11 N. L. le 25	
1 ven.	TOUSSAINT.	1 dim.	s. Éloi, *Avent*
2 sam.	*Trépassés.*	2 lun.	s. François.
3 dim.	s. Hubert.	3 mar.	s. Mirocle.
4 lun.	s. Charles.	4 mer.	s^te Barbe.
5 mar.	s^te Berthilde.	5 jeu.	s. Sabas.
6 mer.	s. Léonard.	6 ven.	s. Nicolas.
7 jeu.	s. Ernest.	7 sam.	s. Ambroise.
8 ven.	s^tes Reliques.	8 dim.	*Im. Concept.*
9 sam.	s. Mathurin.	9 lun.	s^te Léocadie.
10 dim.	s. Léon.	10 mar.	s^te Valère.
11 lun.	s. Martin.	11 mer.	s. Fuscien.
12 mar.	s. Réné.	12 jeu.	s^te Constance
13 mer.	s. Brice.	13 ven.	s^te Luce.
14 jeu.	s. Achille.	14 sam.	s. Nicaise.
15 ven.	s^te Eugénie.	15 dim.	s. Eusèbe.
16 sam.	s. Eucher.	16 lun.	s^te Adelaïde.
17 dim.	s. Aignan.	17 mar.	s^te Olympe.
18 lun.	s^te Aude.	18 mer.	s. Gratien.
19 mar.	s^te Élisabeth.	19 jeu.	s. Maurice.
20 mer.	s. Octave.	20 ven.	s^t Philogome
21 jeu.	Prés. de la V.	21 sam.	s. Thomas.
22 ven.	s^te Cécile.	22 dim.	s. Honorat.
23 sam.	s. Clément.	23 lun.	s^te Victoire.
24 dim.	s^te Flore.	24 mar.	s. Yves.
25 lun.	s^te Catherine	25 mer.	NOEL.
26 mar.	s^te Geneviève	26 jeu.	s. Étienne.
27 mer.	s. Sosthène.	27 ven.	s. Jean.
28 jeu.	s. Séverin.	28 sam.	s. Innocents.
29 ven.	s. Saturnin.	29 dim.	s. Th. de C.
30 sam.	s. André.	30 lun.	s. Sabin.
		31 mar.	s. Sylvestre.

PRÉDICTIONS

Si l'progré continue s'train, v'l'a chu qu'un verra in
1867.

Nos saudards n'aront pu danger pou aller à la guerre,
d'leux fusis, d'leu sâpes, d'leux canons éié d'tous ces
abrinoques-là; i vont s'batte à coups d'éclairs. Cha vos
fait rire, garchon? Eh bin! vos verrez cha pou rin. Il
aront tertous d'dins leu gibernes enne douzaine des
p'tités bouteïes qué cha fait... Comint qu'un appelle cha,
hon? Enne trique élestrique... Non; enne pile, j'savoîe
toudi bin qué c'tot quêl'cosse pou randouïer... il aront
enne pile élestrique, et quand i s'ront à deux lieues des
ennemis, i saqu'ront enne éclair, et claque! in v'la des
révernis!... Approchez don, tas d'vautards des Prussiens
avec vos fusis à z'éghies; av'nez vos faire ermanier!...
Seul'mint n'yara nin co d'avanche, pacequé les enne-
mis i mettront l'année d'aprés chaquénum paratonnerre
sus leu tête.

Les Italiens, eusses, il invintront enne machine à
faî des traus d'soris pou s'sauver d'dins quand i ver-
ront arriver les balles u bin les éclairs, et i n'in s'orti-
ront foque qué quand i n'y ara pus qu'un ennemi
conte dix.

C'est les facteurs! qui vont avoi d'louvrâche! Tous les joûs, i foûra qui porlent-té dins tous les maisons, aïu qui gn'ya des jônés fies, un journal dé môtes v'nant d'Paris, avec cinq toilettes complettes pa chaque jône fie. Un attindra len n'arrivée pou s'él'ver. I faut dî oussi qu'ces toilettes là s'ront in papier et qu'a n'serviront foque un coup. Comme cha va faî accourî les marieux !

I g'n'yra c'n'année chi un grand grand congrés du qu'un s'intindra pou impêcher d'allér à l'cache avec les fusis à zéghies. Vos sintez bin qu'un n'peut mie permetté d'tirêr des neuf dix coups in un rin de temps, sus un poûfe lièfe u bin sus un pourchau-singlé; c'est qu'ces bêtes-là, cha sert à nourrî les gins. Sus des hommes, c't'enne aute affaire; un peut in tuer tant qu'un veut, i n'd'y ara toudi assez.

Un s'plaint qui n'ya pus d'modestie dins les jonés fies ; alle ont toudi leu nez in l'air. qu'un dit, et un poûrrot biu s'mer des pièces de cinque francs d sus leu qu'min, qu'a nin ramoss'rotent-té nin enne. Commint volêz qu'il en fuche autermint avé l'panion qui lieu pind d'rierre l'tête, et qu'cha fait l'contrépoids, a n'sarôtent-té mie pus raviser à terre. Un perrutiér d'Bavay trouv'ra r'mête à cha : il invintra enne atoque à chignons. C's'ra un morciau d'bos tout viroulé qui s'appouiera in bas des reins, sus l'montée qu'alle fait l'crinoline, et pîs qui ira rattotier l'chignon. Cha fait qu'avec c'natoque-là, vos pourrez, Mam'zelle, faï vo chignon aussi gros qu'enne boule à juer à guies si vos volez, et vos trouv'rez les pièces cinq francs quand i n'd'yara sus vo qu'miu.

Fumure des Apes.

Dites-mé in pau, Batisse, quand vos raffourez vos qu'vaux, est-ce qué vos lieux ruez l'frânelle drié leu cu? Non, hein? Vos lieûx baïez à minger c'est pou qui mingent-té. Eh bin! m'garchon, quand jvos vois faï un moncheau d'fumier au pied d'vos intes, d'vos prouniers et d'vos gaïers pou l'zes famer, i m'sâne toudi à vie qué j'vos vois ruer vo raffourée drié vos qu'vaux. — In v'là co enne drôle, c'telle-là. — Enne drôle? Vos allez vie. Enne âpe c'ha minche pau d'bout d'ses p'tités rachènes, qu'les botaniqués il appellent-té cha l'*chèvelu*, pacequé

cha est fin in pau prés comme des ch'feux. Il ont au
d'bout d'chaquenne d'ces ptités rachènes-là un chuchoi
et c'est pa c'chuchoî-là qui chuchent-té l'ingrais. Et
vos savez bin tout aussi bin qu'mi, Batisse, qué c'nest
nin à l'patte des âpes qu'un troûfe ces ptités rachènes-
là. Pus l'âpe est vieux, pus i faut d'aller long pou l'zés
trouver. — Aïu qui faut mette l'fumier hon? — Pou
cha, réglez-vous sus l'largeur dé l'tête. Epardez vo
fumier tout autour, sans dépasser les branques et sans
trop vos rapprocher du pied : pus l'âpe est gros, pus i
faut s'élogner du pied. Mais surtout n'répardez nin cha
pau soleil, i vos in mingerot l'démitant ; faites cha pa
nun temps d'pleufe : c'tenne bonne commissionnaire
qué l'pleufe; alle vos port'ra l'ingrais tout d'quà les chu-
choîs.

L'Plante del Ducasse.

Avèz quèt'fois intindu parler d'la Rhubarbe? Les
métcins l'connoitent-té bin, allez eusses, d'plante là, ié
l'zapothicaires aussi. C'tenne plante qu'alle a des feuil-
les qu'ont quèt'fois un mète de largeur et qu'alles pèsen t-
té bin tôi fifes. Un voit cha dins les gardins d'mon
sieux, pa cequé c'tenne four belle plante. Mi j'trouve
qu'n d'vrot l'cultiver dins presqué tous les gardins. Avé
les côtes d'ses feuilles, qu'un a satié les filantes, un

fait del tarte qu'est co meyeure que l'tarte à groûselles.
C'nest nin enne babûce qué j'vos conte, savez, d'mandez-l'à l'z Inglais putôt, et vos verrez comme i s'pour
léqueront rin qu'à d'intinte parler.

Pou cha, vos découpez vos grossés côtes in morciaux
gros comme enne nosette et vos l'zés rétindez sus l'tarte;
m'tez du chuque in volez in v'la, r'couvrez comme un
pâtez à poires et mingez cha : vos m'indirez des nouvelles après. Ah ! j'oublioïé d'dire qui folot l'fa ie cuire
d'vant.

Chu qui gn'y a d'bon d'ins l'rhubarbe, c'est qu'alle
peut vos servie d'pis l'mois d'mai tou.t d'quà' les gélees..
Vo fème, après avoi pertri peut s'en dalle. au gardin
satier deux tàs fenïes, et v'la pou faîe enne tarte. Après
qu'alle ara pris les côtes, qu'a n'rû che nin les fenïes,
savez, pacequ'un peut faie del porée avec, et peut-on
s'passer d'porée à l'ducasse? Cha s'arrinche comme
l'zépinards. Qu'est-ce qué vos in dites! enne plante qui
vos donne del tarte et del porée, n'peut-elle nin s'appé-
ler l'plante del ducasse? C'n'est nin co tout : l'jeudi,
quand on s'a bin impaffé pindant quate jofts, un a sou-
vint danger d'ermette s'nestoumaque, eh bin ! avec
l'poûte del rachène dé rhubarbe qu'un vos vindra à
l'apothicaire, vos pourrez faî vo n'affaire.

LES USIAUX

(Conversation intré un vieux Saudart et un Censier qu'est du Borinâche)

L'CINSIER.—Allons papa Gaspard, racontez nous enne histoire d'vos voïâtches; vos d'avez tant vu pindant vos deux condiés.

GASPARD. — Si j'dai d'jà vu da, z'infans ! quand un a voïagé comme mi dins les cinq parties du monte un d'a d'quoi à raconter.

L'CINSIER. — Allons, d'zez, dié vos acoute.

GASPARD. — Gn'yavot un coup d'lez enne cinse du fin fond d'l'Amérique enne famille dé sauvâches (Cé n'tot nin des esclafes, savez) qui passôtent-té tout leu temps à sougner les vaques, les moutons et les pourchaux du cinsier, et à incacher tous les méchantés bêtes d'ses terres et d'ses patures. Cha gn'i coutot nin un doûpe, seul'mint quand ses prones et ses puns tôtentté mêurs et pis s'blé, i n'sé génôtentté nin pou in printe leu p'tite part, cé n' tot nin pou fai leu nigot, savez, mais pou mingir tout d'suite. C'tot bin pau d'affaire amon, qu'deux toîs curiaux d'fruits et un vassiau d'blé u bin deux, pou païer tout enne annêe d'ouvrâche; ah bin ! mon homme, cha l'li taïot, et i plaignot cha à ces poûfés d'iâpes là.

L'CINSIER. — Cie enne ourse.

GASPARD. — Layème achéver. I'tot tellemint habitué à avoî s'onouvrâche fait poⁿ rin, qui gn'eux in savot pas enne zique d'erconnaissance. C'tot co bin mieux, l'zinfans del cinse i tôtent-té toudi à faî inmarvoïer ces poûfés lapites-là, à l'zes warutier, à satier in bas leux cahuttes, à faî passer les piques et les poques à leux infans, et quêt'fois à l'z'es faî mori à p'tit feu.

L'CINSIER. — Ah ! tas d'mourdreux ! si dié vos aveû à l'longueur dé m'nescorie, dié vos clicottreûs d'importance, allez, et d'iapperdreûs bin ses pâter à vo n'arnicroche dé père, allez mi.

GASPARD. — C'n'homme-là, c'est vous, Cinsier.

L'CINSIER. — Comint, c'est mi ?

GASPARD. — Oui, c'est vous ; et ces mourdreux d'infans la, c'est les vos.

L'CINSIER. — In v'la co d'enne aute, c'telle-là.

GASPARD. — Eh bin ! vos allez vî ; acoutème-mé co enne âvê. Vos avez dins vo gardin, dins vos patures et sus vos terres, des bintes d'ûsiaux qui passent-té tout leu vie à éplucher vos légumes, vos âpes et vos avétis, des pucherons, des vers, des oulènes, des mucheoreille, des pourchaux-singlés, des rouïons et d'leu vers blancs, des moulons à queue, des papïons et d'tout l'triqu'lêe des mouches et des mouquerons. I n'dia, l'zéprohons, ténez, qui vont trouver tout d'quà d'zous l'piau, d'vos vaques les gros moulons qu'alle ont su leu dos, et qu'cha lieux fait tant caupie. Comment qu'vos l'zermerciez, tous ces bravés zouvriers-là, n'ya nin danger del dî. Mais vos plaignez à les mazinques les deux toîs poires qu'alle vos pluqueront ; vos tirez à coups d'fusi sus les gardinals quand i vont minger sus vos salâtes quèques pinchies d'graines qu'il ont gagnées co pus d'mille coups ; vos infans passent-t'-à l'baguette tous les œufs couveaux et les jônes qui trouvent-té dins les nids d'fauvettes, d'hoche-queues, d'manches-d'alène, d'mazinques et même d'erruêtlots : faut-î ête balète pou cha! C'est co bin mieux ; n'vos ai-je nin l'aute joû intindu d'î à vo fïeu : « Tu vêras printe les nids d'mes patures, bein ? » Ténez, Cinsier, i m'sânot à vô que j'vos intindos l'li dî : « Tu vêras abatte les fleurs d'mes intes et d'mes prouniers ; tu vêras pétiner mes blés à fautier.

L'CINSIER. — C'est pourtant, vrai tout d'mainne, ténez, Gaspard, dié n'yaveûs diamais sondié.

COMMINT QU'UN FAIT DES PATURES.

(Cha s'passe dins un villâche du côté d'Monbeûche.)

DUPRÉ. — Eh bin ! Pays, qu'est-ce qu'un fait là d'bon ?

GUSTIN. — Oh ! tout d'qu'à mét'nant jé n'saros nin vos dî si j'faîs du bon u bin du méchant ; cha dépindra.

DUPRÉ. — D'qué, hon ?

GUSTIN. — Acoutez, j'veux faî enne pature ; et vos savez bin qu'dins c'naffaire-là, c'est pour du bon si alle va, comme i ditent-té les infans.

DUPRÉ. — Et vos n'êtes nin seur dé réussir ? Commint qu'vos s'y perdez , hon ?

GUSTIN. — Ah bin ! j'fais comme l'zautes : j'nettüie bin m'terre et pîs j'sème du coucou.

DUPRÉ. — Du coucou ?

GUSTIN. — Eh bin ! oui, du coucou, pou avoî d'lherpe.

DUPRÉ. — Est-ce que vos s'mez des orties quand vos volez avoî des choux ?

GUSTIN, — Oh ! c'nést nin l'maimme affaire.

Dupré. — C'est jus ver et ver jus, allez fieux. L'sé-minche d'ortie vos donn'ra tout aussi bin des choux, qué l'séminche dé concou vos donn'ra d'l'herpe. Tous les plantes alle ont chaquénenne leu s'minche, et l'sé-minche d'enne plante n'peut vos donner qu'enne plante del mainme espêce. Si i vient du gazon aprés l'concou, c'est qui gn'ya del séminche dé gazon dins vo terre, comme del trème, des dints-d'tien, u bin c'est qu'vos d'apport'rez dins vo fumier. Aussi, vos avez bin raison d'dî : « C'est pour du bon si alle va, » parcequé sus vingt patures qué vos f'rez ainsi, i n'd'y ara pas deux qui réussiront. Les deux prumières années vos arez un bon paturâche avec vos concou, et pis i n'pouss'ra pas, foque del trème u bin des salopperies, tout d'qu'au temps qué l'vint éié l'fumier vos apportent-té les bonnes herpes.

Gustin. — Pou cha, j'sais bin d'vo n'avis, et i faut toudi dix ans et quêt'fois quinze par avoi enne saqué d'bon. Mais qu'est-que vos fr'eûtes, hon vous ?

Dupré. — I n'd'ya qui qui sèment-té des fonds d'tas, mais c'est co toudi pour du bon si alle va.

Gustin. — Ah bin ! oui. L'nonque dé poufe Dédeffe (l'bon Dieu l'mèche in s'paradis) da s'mé gn'y a toîs ans dins s'rinclos, et il a mét'nant des langues-dé-tien assez pou guérir tous les cochures d'France.

DUPRÉ. — Et l'grand Gommion n'a-t-î nin enne saqué d'propre dins l'sien ? « J'cros qu'un a âco rué un sôrt » su m'nouvelle pôture, dit-î ; i n'y vint foque des pat-» tes-de-glène et des noirés-têtes. Tout d'qu'à m'beû-» det, i fait des longs dints quand jé l'mets pôturer d'dins, » comme un t'tien qui m'niue enne éwèpé. » I n'li vient nin dins l'idée, l'malin, qué d'dins les fonds d'tas qu'il a smés, i n'y avot foque les sminches des boutons-d'or et des noirés-têtes qui tôtent-té meûres.

Jé n'dis nin qu'un sarot rin faî d'bon avec des fonds d'tas ; mais n'y a bin des manches à mette. I faut tout prumier qué l'graine fuche bin meûre ; et un gazon fautié à graine meûre, n'donne foque un méchant fourrâche et l'plante sin r'sint bel et bin, cha fait deux pertes pou un gâgnâche qui n'est nin asseûré. I faut par après qué l'séminche vienche d'un bon gazon, et qu'alle fuche prîsse sus un bon terrain qui r'sâne au sien qu'un veut ingazonner ; vos comperdez bin qu'pou fai enne pature avec enne terre arzïeuse, i n'faut nin d'aller printe l'graine qui vient d'enne pature sâbleusse.

GUSTIN. — Comme dé jusse.

DUPRÉ. — Et n'y a tant d'sortes dé terres et tant d'sortes d'poïes d'herpes qu'il est bin difficile d'erquéï jusse. Et mét'nant trouvème un fond d'tas sans graine dé boutons d'or, d'magrites, d'noirés têtes, d'pardonnes u bin d'sonnettes.

GUSTIN. — J'ai laissé dî qui n'd'y avot qui f'sotent-té des rinclos avec du *dégras;* l'counichèz, hon vous, c'plante-là ?

DUPRÉ. — Du *Ray-Grass,* qu'vos volez dî. Oui, jé l'counois bin ; c't'un four bon paturâche, mais cha n'dure qu'un an u deux et pis cha sin va tout à rin.

GUSTIN. — Qu'est-ce qué vos freutes hon vous à m'plache ?

DUPRÉ. — A vo plache, mét'nant qu'vo terre est préparê, j'mettroïe m'quévau au barot, j'perdroïe m'nécorie, j'm'indiroïe à no villâche, (à Berlaimont) et j'démandroïe après l'maison du fabricant d'patures. Là, vos frez counoîte comme i faut l'terre qué vos volez ingazonner, et un vos fra un mélanche des meyeurés s'minches qui convêront à vo terrain. Li, cha l'li est bin facile : il a enne quarantaine d'espêces dé graines des meyeurs gazons. N'y a nin d'méchantés herpes, savez, d'dins ces telles-là, pacequ'un l'za tous cultivèes à part.

GUSTIN. — N'est-ce nin co d'la frime, tout cha ? Tiest-ce qui l'lia appris, hon à mon homme à counoîte les gazons ?

DUPRÉ. — Acoutez, fieux, n'y a co pus d'vingt ans qui

s'occupe dé c'n'affaire là. Il a d'abourd couminché pa distinguer tous les plantes qui poussent-té dins les patures et les prés ; et c'n'est nin enne pétite affaire, savez, pisqué dins enne seule pature i da quêt'fois trouvé pus d'deux chints sortes. Par après, pou counoîte leux qualités, il a consulté les marchands d'vaques, les bouchers, les marchands d'burre, les marchands d'fromâche, les herbagers et les cinsiers. Ces gins-là l'li ont appris chu qu'un opténot dins tel et tel paturâche et mon homme courot raviser les plantes qu'il y poussot. Tout d'qu'à les vatiers et les alleuses à l'raffourêe, i l'li eux a d'mandé leu n'avis pou savoî les plantes qué leux bêtes aimôtent-té mieux et les siennes qu'an'volôtent-té nin. Il avot bin l'patienche d'suï les vaques dins l'bos des journêes intières pou vî chu qu'alles paturôtent.

GUSTIN. — Ah bin c'est là l'bon moïen d'savoî chu qu'est bon, pacequé les vaques du bos, qu'alle ont toudi d'l'herpe à r'noncher d'sus, a n'printent-té foque l'meyeure.

DUPRÉ. — C'n'est mie seul'mint à no villâche qu'il a fait tout cha, da, garchon ; c'est dins tout l'canton d'Berlaimont, et il a té cacher à z'herbes dins tous les villâches d'l'arrondiss'mint d'Avesnes, dins presqué tout l'départémint du Nord et même in Belgique et au

diâpe la joli. C'n'est nin co tout ; d'pîs sept huit ans, il
a fait co pus d'neuf chints razières dé gazon, ténez ; et
un peut appler cha du gazon, savez ; et vos savez bin
qué c'tin ferrant les qu'vaux qu'un d'vient bon mari-
chau.

GUSTIN. — In perdant del séminche au fabricant
d'patures, dins combin d'temps m'gazon s'ra-t-î fait ?

DUPRÉ. — Acoutez, nos sommes à l'fin d'marche ; et
bin dins toîs mois vos pourrez mette vos vaques d'sus ; â
l'arrière saison, j'vos d'fie d'vie l'différince avec enne
auté pature ; si fait, l'différince qui g'n'y ara, c'est
qu'vos vaques a n'laiss'ront pas un poïe d'herpe dins vo
nouviau rinclos. Et vos verrez quê lait et quê burre
qui vos donn'ra c'gazon-là.

GUSTIN. — Hé ! L'élé, hé !... Va-t-in rad'mint attler
cocotte au barot, pacequ'i fau qué j'm'in voche tout
d'suite à Berlaimont.

CHARLÉMAGNE.

GUGUSSE. — Papa, pourqué qu'un appelle Charléma-
gne Charlémagne ?

L'PAPA. — Quêc Charlémagne ?

GUGUSSE. — Charlemagne, roi d'France.

L'PAPA. — Ah bin ! c'roi-là, un l'l'appelot Charles ;
comme i s'a battu avec les Mexicains, et qui l'z'a *maniés*
et *r'maniés*, un l'l'a surlommé Charlé-magne.

GUGUSSE. — C'est bon : jé l'dirai au maite quand i
l'démandra.

Les Champignons.

Un boucher d'chi-avau-chi cachot à champignons à
l'piquette du joû dins l'pature Mathurin, qu'les vaques
tôtent-té d'dins ; mais un'homme chi qui f'sot ramas-
ser les champignons pou l'zés vinte, il avot fait mette
l'champette à l'affut, pou fai des procès-verbals à les
siens qui perdrot. L'champette, in attindant les gins, i
s'amusot à rimpli s'mouchoï d'champignons pou s'dé-
jeuner. In veyant mon boucher, i l'i dit comme cha :
« Qu'est-ce qué vous v'nez ci faire, dit-î ? — Tiens !

qui répond l'aute, j'viens vir les vaques Mathurin. —
Voir les *vaces !* est-ce qu'on saurot voir les *vaces* à
s'n'heure-ci ? — In v'là co enne drôle, c'telle-là, qui li
répond l'boucher ; vos veyez bin les champignons Ma-
thurin, et mi jé n'saroïe nin vi ses vaques ! » L'cham-
pette a fait s'bouton, savez.

L'CAFÉ.

FIFINE.

Maman, pourqué qu'les monsieûx éïé les madames i
boittent-té leu café à l'invers ?

L'MAMAN.

A l'invers ? i l'boitent-té pa leu bouche oussi comme
nous autes, asseuré.

FIFINE.

C'n'est nin cha qué j'veux die : Au banquet ma tante,
j'ai vu tous les bourgeois éïé les bourgeoisses qui buvô-
tent-té leu tasse tout prumier et pis après il ont bu leu
sous-tasse.

L'MAMAN.

I wartent-té leu sous-tasse pou in dernier, pou ra-
fraîchir leu langue, pace qu'il ont invie d'brûler leu
bec in buvant leu tasse.

FIFINE.

I sont si malins qu'cha ?

Pourqué qui n'y foque les oies qu'un déplume.
(Faute.)

C'tot à l'scince du Ber; ainsi g'n'y bin longtemps qu'cha fut. Enne pouïe pingaïée alle se vannot dins l'poussière du carin avec enne pouïette, Pajotte, s'fie. Quincun l'zintendant d'viser, a acouté enne âvè et v'la chu qu'il a intindu :

PAJOTTE.

Maman, pourqué qui gn'y a foque les oies qu'un déplume? Nos avons des plummes comme eusses, amou, les cos et les canards oussi, et l'cinsière a n'nos l'zés saque jamais.

PINGAÏÉE.

Veux-tu t'taire, grand beyau! Tu s'ros bin attrapé, si un t'in f'sot autant.

PAJOTTE.

Ah bin ! pourqué qu'un n'nos l'fait nin ?

PINGAÏÉE.

J'm'in vas té l'raconter.

PAJOTTE.

C'tenne histoire, hein, maman ?

PINGAÏÉE.

Oui.

PAJOTTE.

Ah â â â !

PINGAÏÉE.

C'est l'rataïonne dé m'grand'mère qu'a l'l'a racontée à l'mère dé m'grand'mère.

L'monsieû du catiau qué c'cinse-chi c't'à li, il a un joû invouyé dî à l'cinsière qui li folot l'l'nd'min des plummes pou faî un matelas. N'y avot nin d'temps à perte... P'tît ! p'tît ! p'tît ! p'tïi ! qu'alle s'in va crier à l'cour. Un acqueurt tertous comme dé jusse. L'cinsière impougne un co, s'in va s'assî à l'cuisine et couminche pa i satier ses p'tités plummes. « Caaque ! caaque, qui crie no ratataïon — Veux-tu bin t'taire, grand sot, d'telle ainsi ; c'est pou faî un mat'las à Mme la comtesse. » N'y a nin d'comtesse qui tienne, mon homme a continué à crier, et alle avot biau à t'nî s'bec, i criot co tout d'même. Veyant cha, a l'l'a rué à l'cour et pis alle

assaïé d'déplumer les poules. Bah ouiche ! alle criotent-
té co pus four.

PAJOTTE.

C'est qu'cha fait mau. da.

PINGAÏÈE.

Les canards, ça té tout d'mème. « Av'nez chi, mes
oies, d'telle ; vos êtes des bonnés bêtes, vous autes, et
vos vos layerez faî, j'in sûs bin seûre. Un vos fait bin
d'l'honneur, asseuré d'vos satier vos plummes pou ma-
dame coucher d'sus. » Alle avot bin d'viné, cha :
grand'mère a déplumé tous ses oies, et i n'd'y a pus
un qu'a mouff'té. D'pis c'temps-là, un a continué d'sa-
tier deux fois par an tous leux p'tités plummes à les
oies.

PAJOTTE.

Et les dindons, maman, a n'n'y a nin éprouvé ?

PINGAÏÈE.

Oh ! i n'd'y avot nin co à c'temps-là ; autermint cin-
sière à l'z'arot déplumés avec les oies, pacequé c'est co
d'z'uziaux à s'layer faî sans rin dî ?

PAJOTTE.

Cha nos apprind qu'quand un veut satier nos plum-
mes, i nos faut crier, crier, crier, amon maman ?

PINGAIÈE.

Oui, m'Pajotte.

Pétit pétieux, n'pétiez nin à gros pissons.

(Faute)

D'zous l'passe d'Aymeries, aïu qu'un vient d'fai un
pont, (in v'là enne dé bonne idée) i g'n'y a un diâlàte bro-
chet. Les pétieux diteni-té qui pésot d'jà 24 lifes i gn'y a
quatre ans : (asseuré qui s'ara té fait péser à l'chucrie).
Ils l'ont d'jà iu tertous au d'bout d'leu ligne u bin dins
leu nasse, et leu cœur i fait co douque douque tous les
fois qui racontent-té les agarâtes qui lieux a juées.
J'sûs bin seur qué si tout chu qu'il in racontent-t'est
vrai, (et t'iest-ce qu'un croira, si un n'croit nin les pé-
tieux), qu'mon homme s'frot bin des moustaches et
enne barbiche avec les crins marins et les aimures dé
lignes qui l'l'i pintent-t'autour dé s'bec

Pa nun biau joû qu'les iaux tôtent-té basses, un galo-

pin d'Berlamnont que s'père tôt in riâte petieax qu'avot
d'jà iu l'brochet tois quate coups dins s'nasse, et qui
d'avot plein s'panche tous les coups qu'il in parlot, i
primd in muche-timpo l'éprivier dé s'père, et i s'saufe
pau dard pou d'aller pétier au gros brochet. Arrivé d'lez
l'passe, i loute l'corte autour dé s'poignet, i rétind
l'éprivier sus s'n'épaule, i déroûte ses chabots, et i s'in
va tout douch'mint d'zous l'passe. Flau! i vos rétind
s'n'éprivier dins l'iau, tout aussi rond qu'un tape-feu.

Mon cochon d'pisson n'tôt-i nin tout justémint là à
s'cauffer au solei. I n'arot vraimont dit qu'mon galmitte
avot pris s'mésure d'vant ruer s'n'éprivier et enne zique
pus parchi n bin pus par là i tot mantié. — « Ŵ'à iau! au
lu s'cours! qui crie mon Charlot quand i r'vient au
d'zeur d'iau; habi! au s'cours! i va m'étràâner! » C'est
d'pisson, mes gins, qu'a pris l'pétieax, c'coup-chi; et i
l'tient si bin qui va l'li faï passer l'goût du pain. Et klou-
que! et klouque! qui f'sot l'poufe infant. I plongeot des
coups comme l'bouchon d'vo ligne quand g'n'y a un
percot d'tois lives au d'bout. Par bonheur pour li, l'aute
a co-parvénu à déquirer c'filet-là, et i t'in rallé tout
douch'mint dins s'trau in arringeant ses moustaches.
Mon maraille en deux tois élans il a attrapé l'bourd.
I tot temps, savez; co enne àvè d'pus, c'tot un d'moins
à nourri.

« Quê douïe qué j'vas avoi à m'papa, » qui s'a mis à

crier quand il a iu r'pris s'n'haleine ; « j'ai tout déquiré s'biau éprivier ! » Oui, crapaud ! rallez-vous in à vo maison, et vos d'arez enné, d'chirette ! Comme dé fait, cha, s'père vos l'li a baïé enne dégélée qui n'a nin porté in pélérinâche, allez. Et j'vos promets bin qu'un n'la pus attrapé à pétier au gros brochet.

Et vous autes, pétieux d'pissons éié pétieux d'gins, aïez bin soin, quand vos arez invie d'un gros pisson d'fai au pus fourt avec li d'vant ruer vo filet d'sus pacequi pourrot vos arriver l'même aubâte qu'à Charlot, et co pus pire, pétète.

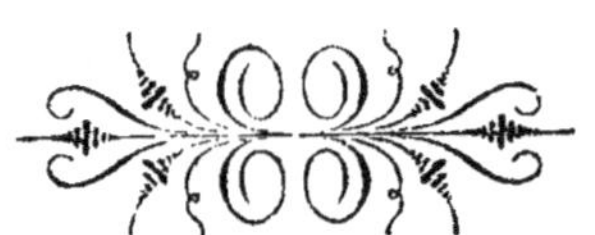

L' LOUP, L' MÈRE ÉIÉ L'INFANT.

(*Imitation d' Lafontaine.*)

C'tot du temps des vièlés guerres. L'sam'di d'no pre-
mière ducasse enne fème del cârrière qu'un l'l'appélot
Magrite, alle tot in train d'faî starte dins enne champe
qu'un veyot l'bos des Haïes. Comme dé jusse alle avot
s'binette sus l'coté éié snez brouzé d'farène ; ainsi i
n'fésot nin bon d'i manquer. C't'un bien laid joû qué
c'tilà pou les papas ; i n'sont pus bons à ruer à les tiens,
et si j'ai un conseïe à lieux donner, c'est d'cacher enne
commission in l'air et d'sin d'aller tout d'qu'à l'er-
traite. Titisse éié s'ma sœur i chuchôtent-té les pierret-
tes des prones, i l'zerpassôtent, comme un dit, et i cro-
tiautent-té le noïaux. Mon crapaud a trouvé qu'cha irot
mieux minger à les prones passêes, et i s'a mis à y satier
avé s'main. « Azé ! maman, d'tellé s'surpette dé sœur,
Titi i touque à prrrones ! — A-te invie dé t'finî foutu
maraille ? Pou tes peines tu n'aras nin del tindure au
cras monfroumâche qué j'vas mette cuire. » V'là mon
brouzé qui couminche à vos faï enne lêfe comme un
bourd de pot-d'champe, parlant par respect, et qui s'in
va moûser dins un coin in disant co pus d'deux chints
coups ; « Hé, hé, hé ! hé, hé, hé ! — Tiens, si tu n'té

tais nin, d'telle s'mére, j'té baïe au leup. » N'y avot-
t-î nin la tout justémint un leup qui tot v'nu mette
s'nez au goulot pou s'régaler à l'odeur del viante qu'un
v'not d'aller qué à Berlaimont. In intendant l'ménace,
mon homme vos met ses deux pattes dé d'vant d'sus
l'snei d'el fernète qu'al tot ouverte, i vos oûfe enne
gueule qu'un arot bin fait intrer un pain d'six lifes sans
y toucher, et i dit : « Merci, savez, cinsière ; quand i
vos fra plaisi. » Vos pinsez bin si s'gin là a d'vu ète
s'tufépée et estomatiée. Et mon Titisse don ! « Pardon,
maman, d'tie, in s'sauvant driè ses cotrons, j'srai toudi
sàche ëïé jé n'mous'rai pus. — Da ! qué j'té baïèros
m'Titisse, laite salle bète, d'telle Magrite, in s'sauvant
pau colidor avec ses deux infans. — Ah ! c'tainsi qu'un
m'arrinche, qui dit l'aute ; un dit blanc, un dit noir et
un pinse qué j'vas m'continter ainsi ! C'nest rin ; qui
vienché t't'à l'heure dins les Haïes, vo crinchon, cueïer
des memeûres u bin des nosettes, et s'naffaire s'ra
bintot faite, à c'cachiveux-là. » I n'a nin iu l'temps d'in
dî davantâche, savez ; l'coumère alle avot té crier au
leup sur l'quémin, et tous les visins i tôtent-t'accourus :
Tétin del Quatrépierre avec enne écarchon, Lélé du
Borgne avec s'fourtié, Chois Batisse du Boc avé s'larqué
happe, et l'Harbégnon avec s'fusique. Mon homme avot
d'jà pris ses gampes à ses mains ; mais in volant sortî
du gardin il a infuté s'tète inter deux vif étots et i s'a là

trouvé pris comme à un lacheron, sans pouvoî avancher
ni r'culer. Oussi c'est là qu'nos hommes l'ont iu à ma-
niâche. Si un n'i a nin fait s'naffaire tout-d'suite c'est
qué l'patraque d'Harbégnon a toudi fait raguette et qué
Chois n'a nin ousu l'approcher d'trop près avecqué
z'happe. Mais c'nest rin : des coups d'fourtié été d'écar-
chon, i da iu à r'vinte. A forche d'satier été d'pousser,
il a fini pa rompe un vif étol et i s'a sauvé d'qu'au
qu'min du Blanc Qu'vau in botiant d'ses quatés pattes.
Tout cha, cha s'gnérit et cha finit pa s'oublier ; mais
chu qui l'l'a fait pus marronner c'est les laris d'tous
les leups d'Mormau qui sont co toudi à l'goïer quand i
l'voient-t'-in li d'mandant si Magrite n'i a nin co ap-
porté s'Titisse.

Tout cha, mes gins, cha vos a l'air d'enne fauve amon ?
C'est pourtant enne histoire qu'est arrivée dins l'arron-
diss'mint d'Avesnes. Titisse, c'tun p'tit villâche qu'a
voulu fai un p'tit coup s'mouvaisse tête : l'maman, c'est
l'maitte d'tous les villâches, et vos veyez bin qué c'nest
nin enne méchante maman, été l'leup, l'sien qu'a té
l'dindon d'la farce, g'n'y a nin danger d'vos l'ommer ;
nos in grattons co toudi à no n'oreie.

Seul'mint, l'morale d'chu qué j'viens d'vos raconter,
(acoutème-mé bin, grands villâches qu'un veut vos
annéeer les pus p'tits) l'morale, lé v'là chi :

> Biaux chires leups, n'écoutez mie
> Mère finchint s'in fieux qui crie.

L'Baronnette dé l'ma Tante.

G'n'y avot in 1831 un collégien du collêche dé Mon-
beûche, qui tot v'nu à l'prumière ducasse dé Berlaimont
à l'maison d'é m'ma tante, et i d'vot ête rintré l'mardi
à deux heures. « Quê malheur ! qui dit in li-même
c'joû-là in s'réviant ; i faut qué j'min r'voche minger
ªujourd'hui del vaque inragêe au collêche pindant
qu'tous l'zautes vont chi s'régaler d'tarte éié juer d'qu'à
onze heures du soir. Tiens, j'va dî qu'j'ai mau à
panche, et un n'merméra foque d'main. Mais non
pourtant; si j'dis cha, un n'mécroira nin, u bin un n'mé
layera nin mingir tout m'contint. Qué faï pourtant?
Jules ! Jules ! d'telle l'matante sus l'coup dix heures,
av'nez minger un morciau; vos n'avez nin trop
d'temps pou arriver pou la classe, pacequé j'ai toudi
laissé dî qu'les gampes alles tôtent-té raîtes sus l'qué-
min d'lécole. Un s'met â tâpe ; mais mon collégien i
f'sot enne mine comme un bounet de nuit et i n'y avot
pas un morciau qui volot passer.

Dodore, l'parmaison m'tot d'jà ses solës pou r'main-
ner Jules. L'poûfe infant tot la sus les épènes, il avot
biau r'tourner l'coin à malices dé s'caboche, et i n'trou-
vot nin un moïen pou d'meurer co un joû. Tout d'un
coup, là l'cat dé s'matante qui vient s'frotter conte ses

gampes in disant ses pâter. C'tot un sale marou tout
déplaïé et sec comme eune équette pacequi mingeot des
rouïons, mais tel qui tot s'dadame alle elle veyot comme
ses yeux, pacequi l' li annonçot toudi l'pleufe, et alle
l'appelot s'baronette. I faut dî oussi, savez qu'quand i
passot s'noreïe in s'lavant, un povot bin printe s'para-
pluie. Attindez qui dit mon gaîard à li tout seû, v'là no
n'affaire. J'veux bin ête pindu si un m'ratrape aujor-
d'hui au collêche, allez. Qu'est-ce qui fait ? sans faî
simblance de rin, i prind un p'tit morciau d'gras d'gam-
boni d'imbarbouïe tout l'visage du cat, et i crie s'ki s'ki !
tout douch'mint. V'là mon marou qui s'in va s'rassî
au coin du feu et qui comminche à s'erlétier, s'erlétier.
Mais qu'est-ce t'as, hon ti, d'telle l'servante au cat,
à t'laver ainsi ? Tu n'vas nin t'aviser d'faî pluvoi aujor-
d'hui, asseuré qu'no fourrâche est là tout répars, et qui
nos faut danser après-midi. — Jésusse Maria ! d'telle
l'matante, ravisez un pau comme l'nounou s'erlâve !
mais c'est qui passe s'noreïe à tous les coups, co. Habî
Dodore ! perdez vo rétiau, et vous oussi Gustine, et
courez rad'mint r'mette d'sus Jules ira vos donner un
coup d'main et i n'inrira foqué demain au collêche. Vos
pinsez bin qu'no n'ergné n' sé l'la nin fait dî deux
coups i vos rue là s'casaqué d'collégien, et lé v'là avec
un rétiau sus s'népaule qui s'inqueurre à Zanglais.
Un arot vraimint dit qu'il allot tout abatte : mais i n'avot

nin pus d'cœur qu'un pum pourri. Bah ouais ! qui dit in
arrivant sus l'pré, l'cat dé ma tante i radote, ravisse,
Dodore, i n'y a nin pus d'nuâche au ciel qué sus m'main.
C'nest nin l'paninné d' nos écauffer à r'metté d'sus, va
fieux. mi, j'min va m'rétinte d'zous c'saû-là. viens in
fai autant, va, et no n'ouvrâche s'ra co meyeû, L'aute
qu'avot fait guincé l'hindi, n'sa nin fait prier et v'là nos
deux hommes rétindus d'tout leu long in attindant
l'pleufe. I va sans di qu'a na nin v'nu. à deux heures
i sont d'allés dainner. Par après. quand il a follu d'aller
r'metté d'sus pou par nuit, Jules n'a pus pris d'rétiau,
savez, i s'a rad'mint insauvé sus l'plache, et c'est tout
chu qu'un d'a vu tout d'qu'à onze heures du soir.

L'lindmain in partant, mon niaffe a bin iu l'toupet
d'di à s'ma tante. « Quand vos arez danger d'iau, savez,
ma tante, vos n'avez qu'à mé l'di, j'dirai à vo cat qui
faîche pluvoî — ah ! p'tit janfoute, j'té rattrap'rai, va,
r'viens y co. »

Cirâche Inglé.

PERDEZ : Noîr d'Ivoïre. . . . . 125 grammes.
Chirop (Mélasse). . . . 125 Id.
Vitriol . . . . 34 Id.
Huile d'Olîfe, 2 cuïers à bouche ;
Vinaique . . . . 1/4 dé lite.

Ermuez comme i faut dins un bidon d'faïence l'noir d'ivoire et pis l'chirop ; m'tez par après l'vitriol tout in touïant l'ratatouïe, versez l'huile d'olife in touïant toudi et pis versez l'vinaique tout douch'mint.

Si vos toutiez vo doigt d'dins, n'faut nin quèt'fois l'mette à vo bouche, savez.

Enne agaraîte d'l'Octroi

Faut qué j'vos raconte enne farce qu'alle a iu avec l'octroi, enne vielle fème des invirons d'V... C'tot enne vielle grand'mère qu'alle d'allot tous les joûs à l'ville, faî les commissions d'tertin-tertous. Enne cinsière alle l'li dit comme cha : « Marjoseph, dit-elle, (c'tot ainsi qu'un l'l'appélot) perdez c'panier-ci et vous l'portrez sez M. C... à la ville, en lui disant qué j'lui prie l'bonjour et qué j'lui envoie ça ; vous arez soin d'païer l'octroi. — Oui, madame, d't'elle Marjoseph. » C'panier-là, c'tot un panier à deux couvertes qu'alle tiennent-té pau mitant, et qu'un l'zoûfe des deux côtés. Grand'mère prind s'panier à s'bras, dit à r'voir et s'in va. Arrivée à l'cahutté d'l'octroi, l'imploïé arrivé d'sus elle in disant : « N'avez-vous rien z à déclarer ? — Oh ! si fait, monsieû, j'ai... attindez » alle oûfe enne couverte du panier et in veyant les pleumes luisantes d'enne queue in fau-chie, « j'ai z'un co. qu'alle dit. » Mon homme pindant c'temps-là il avot ouvert l'aute couverte, et in veyant enne tête dé co sans crête, i l'li dit : « Ah ! vous volez tromper l'octroi en déclarant z'un coq pour un chapon ? Je vous fais t'un procès-verbal — Noter-Dame-Bon-S'cours ! d'telle c'poûfe gin-là, pus morte qu'in vie ; vos n'm'avez point laissé l'temps d'tout vî — Pas tant d'contes, qui dit l'aute, j'confixe vote panier et vote chapon et j'vous fais t'un procès-verbal. » Marjoseph a iu biau dî et biau faî, savez, l'verbal a té fait, et il a d'meuré fait.

Cha vos apprind qué d'vant déclarer enne bête à l'oc-troi, vos d'vez avoî soin dé l'raviser pa les deux d'bouts.

Epènes dins les mains.

Quand vos tûrez vo pourcheau, parlant par respect, vos n'dévez jamais manquer d'mette l'amer d'côté ; pin-dèz-l'lé quêt'part, à l'étaule u bin au guernier, pou qu'vo cat né l'prinche nin, et qu'cha séquiche comme enne persure ; cha pourra vo v'ni à point pus d'un coup, surtout quand vos rétoup'rez vos pâtures. N'y a rin d'si bon qu'cha, surtout l'sienne dé pourcheau male ; respect la compagnie, pou fai sorti les épènes qué vos avez dins vos mains. Si l'malheur vos arrife, perdez un morciau d'amer gros comme enne fav'lotte, rétindez-cha comme un catapleume sus l'trau d'l'épène, et m'tez enne loqué d'sus. Cha va tirer tant et pusse ; l'plache va s'inflammer et vos arez l'épène à belle : satièz-l'avec enne épinque.

Dites-lé à vos visins in lieux portant du boudinâche.

L'Poré des Prés.

Pou les siens qui n'counoitent-té nin l'plante qu'un appelle *Poré* u bin *Porion d'pré* u bin *Fleur à poux*, respect la compagnie, u bin *Colchique d'automne*, j'lieux dirai qu'c'est enne plante qu'alle a assez bin des airs du poré, hormis qu'alle est d'un vert pus foncé et qu'un l'trouve dins les prés et les patures humîtes au coumin-chemint du temps. Passé julette, n'cachez pus après, savez, c's'rot painne inutile. Seulmint in automne, vos êtes tout étonnés d'vî ces gazons-là couverts d'belles pétités fleurs lilas, qu'cha sort dé terre sans tige ni feuïes. Eh bin ! z'infans, c'belle fleur-là, c'est l'fleur du poré, et fleur, tîche et ognon, cha fait un des pus méchants poisons d'no païs. Quand un miòche a caupie à

s'tête, n'y a pas d'meyen moïen que c'fleur-là écrasée
pou faï déloger les locataires.

L'poré a eune saqué d'ermaarquâpe : l'fleur s'moute à
l'arrière-saison et l'graine qu'a passé l'hiver un d'mi-
pied dins terre, n'in sort qu'au pruntemps pou v'ni
s'meurî au soleie.

Satiez hardiment ces méchantés z'herpes-là d'vos
gazons et faites eneïer tous les fleurs à l'arrière saison,
au d'bout d'quèques années vos finirez pas n'pus d'avoî.
Comme un vos l'l'a dit, c'l'un poison aussi biu pou bêtes
qué pou gins ; jé n'vos cit'rai qu'deux cas sus un chint.
Un cultivateur dé Bachant a ramassé sus l'quémin
i g'n'a quèques années, eune brachie d'porés qu'eune
aute avot fait sarquéler dé s'pré : i porte-cha à ses
tois vaques et l'lindemin matin i l'z'a trouvées les
quaie fers in l'air. Gn'y a deux ans deux petites fies sont
mortes du côté d'Guisse, rin qu'pou avoî mingé què-
ques graines dé c'plante-là.

Les P'tités Bêtes

Un galmitte s'a un coup amusé à mette dins eune
caraffe eune puche, eune fourmiche, eune barrière,
un crinchon, eune éwèpe et un rouïon. Cha vos a des

àvices, ces niaffes-là ! Mon crapaud i volot vi que mine qu'alles frôtent insâne ces p'tités bêtes-là. Comme alle avôtenté l'air dé d'viser insâne il a mis s'noreie au goulot, et v'la chu qu'il a intindu :

L'PUCHE

Volèz que j'jûche avec vous, ma cousine fourmiche ?

L'FOURMICHE

Non mam'zelle ; vos nètes pas grante assez (*à l'barrière*) Volèz que j'juche avec vous ma cousine barrière ?

L'BARRIÈRE

Non mam'zelle vous n'ête pas grante assez. (*au crinchon*). Volèz que j'jûche avec vous mon cousin crinchon ?

L'CRINCHON

Nou mam'zelle barrière, vous n'êtes pas grante assez (*à l'éwèpe*) volèz qué j'jûche avec vous ma cousine *éwèpe*

L'ÉWÈPE

Nou monsieur l'crinchon, vos n'êtes pas grant assez. (*au rouion.*) volèz que j'juche avec vous, mon cousin rouïon ?

L'ROULOS.

Non, mam'zelle éwèpe, vos n'êtes pas grante assez.

Et pis çà té tout ; i sont là racculotés tertous in cougnant, chacun dins s'coin.

Mé mé, mé, mé mé ! in v'là tî d'zimbarras ! Ravisez in pau d'chu qu'jé mêle !

N'crions nin trop four, pacequé t'tà l'heure un pourrot bin nos faî les maimm'zerproches. Quate rasières, n'veut nin aller avec tois rasières, cinq n'veut nin aller avec quate ni six avec cinq ; seul'mint, bètes et gins, nos volons bin aller tertous avec pus grant qu'nous.

Nouviaux Fusis.

Co toudi un nouviau fusi à zéghies, et c'tichi, c't'un Bèche qui l'l'a inventé. I tire avec chint coups in enne minute et à tous les coups il est sûr d'tuer dix saudarts cha fait, si j'sais qu'un seul Bèche peut in enne heure rétinte soixante mille ennemis les quatre fers in l'air. Il est temps qu'nos filonche doux avec ces gaïards-là, est-î temps. Nos verrons co c'ti-là à l'Esposition.

A propos d'Esposition éïé d'fusis à z'éghies, l'mon onque chosse qui r'vient d'Paris, i raconte qu'un va nette enne rallonche au Palais de l'Esposition pou tous les nouviaux canons qu'un a inventés d'pis six mois. I dit qu'pou tous l'zes mette i foura enne plache d'au moins enne démi-rasière. Av'nez co no di qu'nos n'sommes nin in progrés. D'zinventions pou ces bricoles-là, il in pleut, et c't'au sien qui fr'a mori l'pus d'hommes d'un coup. Mais, tas d'mourdreux ! à l'plache d'invinter d'z'invintions pou détrui les gins, nos d'avons assez, d'ces telles-là, l'ivrognerie, l'choléra, sans compter l'zautes, invintez-in enne qui nos faîche vîfe, jé n'dis nin autant qu'Mathiensalé, (n'd'y ara pas jamais un qui fumera autant d'toubac qu'à c't'i-là ;) mais qui nos faîche vîfe enne quinzaine d'annés d'pus qu'no compte. Invintez-in enne pou faî mori l'choléra des gins ubin l'sien des bêtes, ubin l'maladie des pmis-d'terre ; ubin, si vos faut absolumint du carnàche, invintez un fusi pou tuer les puches et les punaisses ; invintez un canon pou faî révernir tout d'un coup les quate fers in l'air, tous les lum'chons d'enne rasière de blé. Jé n'dis nin qu'vos s'inrichirez autant qu'avec un fusi à z'ennemis, mais chu qui vaut bin autant, vos rindrez service à z'autes.

L'ÉBETTE A GLÈNES.

Eche ti, duai Adrin ? — Nèche poè ti, Acaire, c'tot deux Obitains qui s'inrallotent-l'un samedi à leû villàche, et qui sont rincontrés à les cinq quémins. Acaire tot un choqueteux d'enne quarantaine d'annèes; Adrin

f'sot des chabots et i couminchot à avoi del barpe à
s'minton. Tont in d'visant d'affaire et d'aute, comme il
arrivotent à les haïes des patures, Adrin qui passot
pad'vant, i rue tout d'un coup s'bésache à terre in
disant : Eû biau ièfe. Comme d'effet , c'tot un ièfe
qu'étot pris au lacheron. Mon goluriaux il avot déjà
s'main d'sus ; mais Acaire d'un coup d'génou vos savez
bin du, vos rétind s'camarâte les quate fers in l'air, in
li disant : j'l'avoê vu d'vant ti, dit-î, et il avot d'jà mis
d'sus l'ièfe enne main larche comme un pali. — Si tu
l'l'avois vu, d'tî Adrin, mi j'lavoê épugné. — Mi jé l'té
garchon qui dit Acaire. Adrin l'li arot volontiers sauté
sus l'dos, mais i sintot bin q'il arot té pau fourt — Al-
lons, pisqué c'tèsi, part à nous deux, d'tî in r'mettant
s'poing dins spoche. — Part à mi tout seû, qui répond
Acaire, et pis *c't'êu fait accompli* camarâte ; j'tê éïêfe,
i t'à mi. V'la chu qu'c'est d'lî les gazettes, ténez, z'infans;
qu'un voleur mêche vo bourse dins s'poche ; s'il a li les
gazettes, i vos répondra quand vos l'li r'clamerez: *c'est un
fait accompli* et vos n'arez pus rin à mouff'ter, savez. Oussi
Adrin a fait s'bouton, mais in l'i mainme il a dit : « Tu
me l'païeras va. »

Arrivé à s'maison, Acaire s'a dépêché à dépouïer
s'lièfe, et pis il l'a mis sus l'planque au pain conté
l'soumier—«Quê bourrâte qué nos s'allons s'ficher d'mê,
d'tî à s'fème et à s'fie Cathrinette, in soufflant l'crasset ;

nos n'sarons mie tout mié à trois au dêné ; i nos in d'meurera co assez pou soupé.»

Nos gins n'avôtent-té nin co fait lou prumier somme, qu'il intintent-té du coté du pouïer, enne pouïe qu'alle criot tant qu'alle avot d'forche : Caaque ! caaque ! caaque ! — « Habî ! Acaire, qu'alle dit l'fème, l'biette alle t'à nos glènes ! » I sautent-t'in bas du lit tous les tois ; Agathe alleume l'lanterne, s'n'homme démanche l'ramon, Cathrinette attrape l'pelle-à-feu, et un queurt au pouïer. Mais v'la qu'un intind l'pouïe criêr au s'cours au d'bout du gardin. — « Parchi ! qu'alle dit l'fie. » I n'tôtent-té nin co au mitant du gardin, qué l'poûfe bête l'zappélot à l'pature du visin, et pis c'tôt pus long, et pis c'tot co pus long, si bin qui s'trouvôtent quasimint in qu'mîce, à tois coups d'chouletté d'leu maison. A l'fin, il a bin follu s'in r'aller, un n'intindot pus rin. In r'passant d'lez l'pouïer, Agathe a volu vî qué pouïe qué l'bête li avot pris ; mais alle tôtent-té là tertoutes à coté d'leu co, tranquîes comme Batisse. Cha arot d'jà d'vu donner à pinser à nos gins.

— « J'm'è vas die eû p'tit bonsoî à m'iêfe, qui dit Acaire d'vant s'ercouchêr. » I monte sus enne chaisse qui tot justémint d'zous l'planque, i tate avec s'main ; mais l'usiau tot involé. — « Vêt'chê nom dé zos ! d't'î in sautant à terre, l'cat a pris m'iêfe ! Ah ! sale biette, tu mé l'païeras, va, et si j'nertreûfe poê m'iêfe, t'iras à

s'plache dé l'païelle. » Un ertourne l'maison, l'guernier.
l'étaule: pas pus d'cat ni d'liêfe qué d'sus m'main. L'lin-
d'main, à l'piquette du joû, un a r'couminché à tout
ertourner, mais bernique. Par bonheur pou l'mingeux
d'soris qui tot in voïâche c'joû-là, parcequ'il arot passé
un monvais quart d'heure.

Chu qu'c'est pou cha qu'a'voï enne monvaisse répu-
tation ; ces poûfés cats-là. c'est toudis sus leu dos qu'
tout r'què. Qu'vo servante ronche un bidon ; « ça été
l'chat ; » qu'vo fême alle passe s'doigt sus l'pot au
lait pou mette l'craimme à s'café. « çà té l'cat ; » qué
l'marmot s'faiche des moustaches in mingeant del tarte
à prones, « c'est nou-nou a fait lala sus la bouce Zuzule. »
Infin. j'nin finiroïe nin si m'follot seul'mint dire tout
chu qu'un met sus l'compte du cat.

Ainsi nos liêfe a passé zous l'bec à Acaire ; mais
c'n'est rin i n'a nin té perdu pou tout l'monte. Au soir,
Adrin rinconte Acaire au cabaret : — « eh bin, qui l'li
dit comme cha. t'l c'liêfe-là toit-: bon dué, consé Acai-
re ? — Taîte-té, garchon, no cat l'a mié. — T'cat ! qui
répond Adrin, n'âche poë putot té l'hiette à glênes ? —
Ah ! nos y sommes, » d'ti l'aûte à li tout seû. in grat-
tant à s'noreïe ; et in maimme temps i s'ramind'voit
l'canchon del poûïe, ïïé l'cabiêre zous l'planque, et i

pinsoît bê qu'mon homme avoit bê povu l'li d'ï l'fin mot d'l'histoire.

Comme d'effet. cha, c'tot Adrin qu'avot té faî crier enne dé ses pouïes d'lez l'maison Acaire et qui l'avot faî incourî bin long ; c'tot l'frère Adrin qu'avot té printe l'hèfe sus l'planque pindant c'temps là : et c'tot eusses qui l'avotent-té mingé avec leux amisses.

C'n'est nin l'painné d'cacher après Acaire : savez ; g'n'y a longtemps qu'il a païé s'choppe et qu'il a démarré.

L'PORTRAIT BLAISSE.

*Air à faire, mais in attindant cha peut toudi s'canter sus
l'sienne du Juif Erant.*

Vos n'counichez nin Blaisse,
L'fieux du marchand d'ossiaux.
Qué s'mèré t'enné grant'landresse,
Qu'all'boit tout comme un trau?
Il est laid comme péché;
V'là s'portrait tout craché :

Mon gas i porte enn' boche
Tout au mitant dé s'dos,
Qu'alle attoqué s'caboche
Quand i ravisse in haut.
Ses bras i sont si longs
Qui touch'a ses talons,

Ses gamp'all'sont bancales,
Au r'pos il a l'palzin,
I bleffé chaqu'coup qui pale,
Pac'qui n'a pus qu'toîs dints,
A s'cuir tout raquerpi,
Cha fait toudi côpi.

S'nez, gros comme enn'riboche
Veu épeautrer s'minton,
Et vos veyez s'galoche
Qu'all' ménacé s'mouzon ;
Souvint enn' queue d'mouton
Vient rétablir l'union.

I' vos derch' des oreïes
Grant'commé d'zéchaudés,
Ses ch'feux i sont pareïes
A du poïe dé Baudet,
Mais c'tenne herp' qui pouss'bin,
Les bêt' sont toudi d'dins.

Cha frôt un rût'champette :
Avec ses deux verts yeux,
Gros tout comm' des choulettes,
L'un rouch' laut' cachiveux,
I verrot du Quesnoy
In mainm' temps Mons et Poix.

Avec tout cha, mon Blaisse
A un front co pus plat,
Co pus plat qu'enn' punaisse,
Plat comme un candidat. . . .
Un candidat inglais,
N'sagit point chi d'Français.

N'foura nin à l'mam'zelle
Qui l'l'ara pou mari,
Ni lantern' ni candelle
Pou cacher après li ;
Un l'sintirot d' Bachant,
A l'odeur qui répand.

Blaiss' compt'bin tout d'qu'à vinte ;
Comme un co-d'Inqu' rusé,
D'l'esprit i d'a à r'vinte :
I n'd'a jamais usé.
Des mœurs, i d'a in pau
près autant qu'vo pourchau,

Mirac ! v'là, no Joerisse
Qui a trouvé d'l'esprit,
Pus d'trinte carées d'amisses,
D'zhonneurs et du crédit !
Tous les fies d'zalintours,
L'trouv'té biau commé l'jour.

V'là comm' l'affair' s'esplique :
Hier mon Blaisse il a r'çu
V'nant de s'nonqu' d'Amérique
Qu'tout l'mont' croiot perdu,
Enn' petit' succession
D'autour d'un d'mi million.

Avesnes — Imprimerie V. Pouret.

Création de Prairies Naturelles.

On trouve chez VANHÈES-LAMELIN, à Berlaimont, un assortiment de Semences pour Prairies Naturelles.

Cours du Printemps 1867.

65 fr les 50 Kilog. (Semence pour un hectare)

Echantillon sur demande affranchie.

Imp. V. Poulet, à Avesnes.